AF462873

INSTRUCTION

SUR LE POINTAGE

DES BOUCHES A FEU.

SAINT-CLOUD. — IMPRIMERIE DE BELIN-MANDAR.

INSTRUCTION

SUR LE POINTAGE

DES BOUCHES A FEU,

à l'usage des sous-officiers

DE L'ARTILLERIE DE LA MARINE.

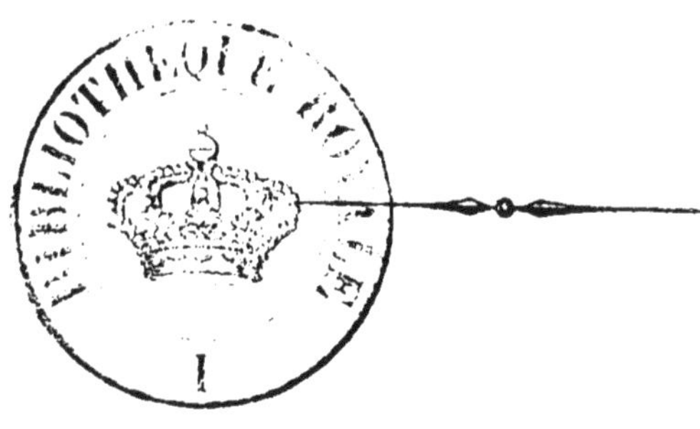

PARIS,

J. CORRÉARD, ÉDITEUR D'OUVRAGES MILITAIRES,

RUE DE TOURNON, 20.

1841.

INSTRUCTION

SUR LE POINTAGE

DES BOUCHES A FEU,

A L'USAGE DES SOUS-OFFICIERS

DE L'ARTILLERIE DE LA MARINE.

I.

NOTIONS PRÉLIMINAIRES.

Le plan vertical qui passe par l'axe de la bouche à feu est appelé *plan de tir*.

Le plus souvent le boulet s'élève un peu au-dessus de la direction donnée à l'axe de la pièce.

Cet effet paraît dû à un très-petit mouvement du canon, antérieur à la sortie du projectile, et dans lequel la culasse s'abaisse pendant que la volée s'élève.

Le mouvement du boulet est ensuite modifié à chaque instant par la résistance de l'air et par la pesanteur. Cette dernière force tend sans cesse à le rapprocher de la terre, en sorte qu'il finit par rencontrer le sol. La ligne courbe que, dans ce trajet, décrit son centre de gravité, est appelée *trajectoire;* elle tourne sa concavité vers la terre et elle est contenue dans le plan de tir, quand il n'existe aucune cause qui fasse dévier le projectile. Soit OSA cette courbe (fig. 1). Le point de départ O est à peu près le centre de la tranche de la bouche à feu. Le point S, le plus élevé de la courbe, est *le sommet de la trajectoire.*

Si l'on imagine une horizontale OA, contenue dans le plan de tir, menée par le point de départ O et prolongée jusqu'à la rencontre de la trajectoire, la longueur de cette horizontale sera *la portée.* Le point A sera *le point de chute.*

La tangente au sommet S de la trajectoire est horizontale.

L'inclinaison BOA de la tangente au point de départ O est appelée *angle de départ.*

L'inclinaison CAO de la tangente au point de chute A est *l'angle de chute.*

La partie OS de la trajectoire, que le mobile décrit en s'élevant dans l'air, est appelée *branche ascendante.* La partie SA, qu'il parcourt en revenant vers la terre, est *la branche descendante.*

Ces deux branches ne sont point symétriques, relativement à la verticale SD, qui passe par le sommet; les deux parties OD, DA de l'horizontale OA ne sont pas égales entre elles; la seconde DA est la plus courte. L'angle de départ est plus petit que l'angle de chute.

Avec une même bouche à feu, une même charge et un même projectile, on peut obtenir une foule de portées différentes. Il suffit pour çela de faire varier l'inclinaison de la pièce.

Concevons une suite d'expériences dans lesquelles les boulets seraient reçus sur un sol horizontal, à peu près au niveau de la partie inférieure de l'âme à la tranche. On pourra en déduire une table qui fera connaître la portée correspondante à chaque inclinaison (fig. 2).

Si le boulet, en sortant de l'âme, s'élève un peu au-dessus de la direction donnée à l'axe de la pièce, la portée n'est pas nulle quand cet axe est horizontal, mais du moins elle est petite.

Si l'on imagine que l'inclinaison de la pièce, d'abord très-petite, vienne à croître graduellement, la portée croîtra en même temps jusqu'à un certain angle qui donnera le maximum de portée, et que pour cette raison on appelle *angle de plus grande portée.*

Quand l'inclinaison, croissant toujours, dépassera cet angle, la portée décroîtra ; elle deviendra nulle lorsque l'axe de la bouche à feu sera vertical.

L'angle de plus grande portée dépend de plusieurs circonstances. On estime que dans les mortiers il est peu inférieur à 45°; il ne faut pas attacher à sa détermination une très-grande importance; car, lorsque l'inclinaison de la pièce ne s'en écarte que de 3 à 4 degrés, la portée n'éprouve pas de diminution sensible.

Il suit de ce qui précède qu'il y a toujours deux inclinaisons de la pièce qui donnent la même portée : l'une est inférieure et l'autre supérieure à l'angle de plus grande portée.

Généralement on ne donne aux canons, aux fusils et aux pistolets que de faibles inclinaisons ; le projectile s'élève peu au-dessus du sol, et le tir est appelé *tir surbaissé.*

Le plus souvent les mortiers sont inclinés à 45° ; cependant quand on cherche à enfoncer des bâtiments voûtés, on fait choix d'une inclinaison plus grande. Le projectile, s'il est chassé par une forte charge, s'élève à une hauteur considérable ; au moment de sa chute, il est animé d'une grande vitesse, et la direction de son mouvement est presque verticale.

Quelquefois aussi on emploie les mortiers contre des corps

de troupes; on leur donne alors une inclinaison moindre que 45°, afin que les bombes ne s'enfoncent pas dans la terre.

II.

POINTAGE EN DONNANT SÉPARÉMENT LA DIRECTION ET L'INCLINAISON.

Pointer une pièce, c'est lui donner une position telle que le projectile aille frapper un but déterminé, ou, en d'autres termes, telle que la trajectoire passe par un point donné.

Il faut donc : 1° que le plan de tir passe par le point à battre ; 2° que la pièce ait l'inclinaison convenable.

Lorsque l'axe des tourillons est horizontal, la position du plan de tir est indépendante de l'inclinaison de l'axe de la pièce; en effet, quand cette inclinaison vient à varier, l'axe de la pièce reste toujours dans le même plan vertical, et c'est ce plan qui est le plan de tir.

On peut donc alors, sans songer à l'inclinaison, s'occuper d'abord de faire passer le plan de tir par le point à battre ; c'est ce qu'on appelle *donner la direction.*

La ligne droite, qui passe par les points les plus élevés de la culasse et de la volée, est appelée *ligne de mire naturelle ;* elle est évidemment contenue dans le plan de tir.

Lorsque l'axe des tourillons est horizontal, c'est toujours

le même point qui, sur la culasse ou la volée, se trouve plus élevé que tous les autres points de cette partie de la pièce, quelle que soit d'ailleurs l'inclinaison de la bouche à feu. Les positions de ces deux points culminants de la culasse et de la volée sont ordinairement indiquées par des crans.

Si l'on dirige la pièce de telle sorte que la ligne de mire naturelle passe par le point à battre, on est assuré que ce dernier point est contenu dans le plan de tir. *Ainsi, quand l'axe des tourillons est horizontal, on donne la direction en faisant passer la ligne de mire naturelle par le point à battre.*

Ce procédé, très-facile à suivre dans le cas d'un canon ou d'un obusier, ne peut être employé pour un mortier, auquel la forme de son affût ne permet pas de prendre toutes les inclinaisons possibles. D'ailleurs, les mortiers sont le plus souvent placés derrière un épaulement qui ne laisse pas apercevoir le but qu'il faut atteindre. On met alors sur l'épaulement deux fiches verticales dont le plan passe par le point à battre, et on cherche à faire coïncider le plan de tir du mortier avec celui des fiches.

A cet effet, un homme, placé en arrière de la bouche à feu, est muni d'un fil à plomb, qu'il maintient dans l'alignement des fiches, et il fait disposer le mortier de telle sorte que cet alignement comprenne l'orifice de la lumière et le point le plus élevé de la volée. Ce dernier point est ordinairement indiqué par un cran.

Quelquefois une ficelle, fixée par un de ses bouts à la crête de l'épaulement, et par l'autre à un piquet planté en arrière de la plate-forme, est tendue dans le plan des fiches, et alors on dispose le mortier de manière que le plan vertical de cette ficelle passe par la lumière et le point le plus élevé de la volée.

Il reste à donner à la pièce l'inclinaison convenable.

Lorsque le point à battre est à peu près au niveau de la tranche, la distance comprise entre ce point et la bouche à feu est la portée qu'il faut obtenir; dès lors la table, dont on a expliqué la formation dans le § 1er, indique l'inclinaison qu'il faut donner à la pièce.

On se sert ordinairement d'une planchette carrée ABCD (fig. 3), sur laquelle est tracé un quart de cercle dont le centre est l'un des sommets A, et dont le rayon est égal au côté du carré. Au point A est attaché un fil à plomb AP. Le quart de cercle est divisé en degrés. Le zéro de la graduation étant au point B, on applique le côté CD sur la tranche, de manière que le plan de la planchette soit vertical. L'angle PAB est celui que la tranche fait avec la verticale, et il est égal à l'inclinaison de la pièce, puisque la tranche est perpendiculaire à cet axe. Il ne s'agit donc que de faire tourner la bouche à feu autour de l'axe des tourillons jusqu'à ce que l'angle PAB ait la valeur indiquée par la table.

On peut encore donner l'inclinaison en appliquant l'instrument sur une partie cylindrique de la surface extérieure de la bouche à feu. A cet effet, maintenant le plan de la planchette vertical, on applique le côté BC (fig. 4) sur la génératrice supérieure du cylindre, et il est clair qu'alors l'angle PAB indique l'inclinaison de la pièce.

Mais, en donnant l'inclinaison, on peut avoir dérangé la position de l'axe des tourillons. Ainsi, s'il s'agit d'un mortier, il faut vérifier si, après cette opération, l'orifice de la lumière et le point culminant de la volée sont encore dans le plan des tiches.

On suit d'ailleurs pour un canon un procédé analogue: un homme placé en arrière de la bouche à feu et muni d'un fil à plomb met ce dernier dans l'alignement du point à battre et du cran de la volée, par exemple, et vérifie si ce même alignement comprend le cran de la culasse.

Ce moyen peut être employé pour donner la direction, si quelque obstacle empêche de diriger la ligne de mire naturelle sur le point à battre.

Lorsque le point à battre n'est pas au niveau du point de départ, la distance qui sépare ces deux points n'est plus la portée telle que cette dernière a été définie dans le § 1er : soit en effet, fig. 5, le point à battre en B, au-dessus de l'horizontale OA du point de départ O; la courbe OSA représentant la trajectoire; la longueur OA est la portée, tandis que OB est la distance du point de départ et du point à battre; et, si la trajectoire est surbaissée, la portée OA est plus grande que la distance OB. Pour que la trajectoire passe, en effet, par le point B, il faut s'arranger de manière à obtenir la portée OA.

Ainsi, dans le tir surbaissé, lorsque le point à battre est plus élevé que le point de départ, l'inclinaison qu'il convient de donner à la pièce surpasse celle qui, d'après la table, correspond à la distance du but à la bouche à feu.

Le contraire a lieu quand le point à battre est en B', au-dessous de l'horizontale du point de départ; la portée OA est moindre que OB'.

Lors donc que, dans le tir surbaissé, le point à battre se trouve moins élevé que le point de départ, il faut donner à la pièce une inclinaison plus petite que celle qui, d'après la table, correspond à la distance du but à la bouche à feu.

Le procédé de pointage que l'on vient de décrire est d'une extrême lenteur. De plus, les indications du quart de cercle ne peuvent être fort exactes, non-seulement à cause de la petitesse des dimensions qu'on est obligé de donner à l'instrument, mais encore parce que la direction du fil à plomb est sans cesse dérangée par les agitations de l'air.

Toutefois, ces observations ont moins d'importance quand il s'agit du tir des mortiers.

En effet, ce tir est toujours très-lent, et, comme il s'exécute sous un grand angle, une petite variation dans l'inclinaison de la pièce a peu d'influence sur la portée.

Si l'axe des tourillons n'était pas horizontal, ce qui pourrait arriver par une mauvaise construction de la plate-forme, le plan de tir du mortier ne passerait plus par la lumière et le cran marqué sur la volée. Par exemple, si le tourillon de gauche est le plus bas, la lumière et le cran se trouvent à gauche du plan de tir et à des distances inégales de ce plan, par suite de l'inégalité des diamètres extérieurs de la bouche à feu. Généralement, dans les mortiers, le diamètre extérieur est moindre à la lumière qu'à la volée; le cran se trouve donc plus éloigné du plan de tir que ne l'est la lumière; la ligne droite qui joint ces deux points, en se prolongeant au delà de la bouche à feu, reste toujours à gauche du plan de tir et s'en éloigne de plus en plus; en sorte qu'en la plaçant dans le plan des fiches, on ferait passer le plan de tir à droite du point à battre (fig. 6).

Il faut donc alors faire passer cette ligne à gauche du point à battre.

On remédie d'ailleurs à cet inconvénient en plaçant dans la lumière une broche en bois d'une saillie telle que la droite qui joint son extrémité au cran de mire soit parallèle à l'axe. Cette droite est celle que l'on place dans le plan des fiches.

Ce dernier plan ne coïncide pas alors avec le plan de tir; mais il lui est parallèle, et la distance qui les sépare est trop petite pour qu'il en résulte dans le tir un effet appréciable.

La broche doit être disposée de manière qu'elle ne puisse s'enfoncer dans la lumière que jusqu'à un certain point invariable. Pour déterminer sa longueur, on dresse le mortier verticalement, on s'assure de l'horizontalité de la tranche à l'aide d'un niveau de maçon ou du quart de cercle, puis on coupe la broche au point où elle touche un fil à plomb qui passe par le cran de mire.

On emploie sur les bombardes et pour la défense des côtes des mortiers à semelle.

Ce n'est alors qu'en variant la charge qu'on peut obtenir des portées différentes, puisque l'inclinaison de l'axe est constante, du moins tant que la plate-forme reste horizontale, ce que supposent les tables de tir.

Un pareil mortier ne doit être placé à terre que sur une plate-forme bien horizontale, et alors il est convenablement pointé, dès que le plan vertical, déterminé par l'orifice de la lumière et le point culminant de la volée, passe aussi par le point à battre.

Si à la mer cette même condition paraît remplie, au moment où la semelle se trouve à peu près horizontale, on se hâte de mettre le feu.

III.

POINTAGE PAR LA LIGNE DE MIRE NATURELLE.

Généralement les bouches à feu dont on se sert pour le tir surbaissé ont un plus grand diamètre extérieur à la culasse qu'à la volée, et la ligne de mire naturelle rencontre l'axe en avant de la tranche. L'angle aigu que forment ces deux lignes devient égal à l'inclinaison de la pièce, lorsque la ligne de mire naturelle est horizontale. On l'appelle souvent *angle de mire naturel.*

On donne le nom de *portée de but en blanc* à la portée qu'on obtient lorsque la ligne de mire naturelle est horizontale. Cette portée varie avec la nature du projectile et avec la charge; c'est à l'expérience qu'il faut recourir pour en avoir la valeur, lorsque le projectile et la charge sont donnés. On l'obtiendra d'ailleurs immédiatement, si, après s'être assuré qu'une règle bien dressée, placée sur les points culminants de la culasse et de la volée, est horizontale, on reçoit le projectile sur un sol de niveau avec la partie inférieure de l'âme à la tranche.

Lorsque la ligne de mire naturelle est parallèle à l'axe de la pièce, la portée de but en blanc n'est pas nulle, mais elle est très-petite.

TABLEAU DES PORTÉES DE BUT EN BLANC.

	BOUCHE A FEU.	PROJECTILE.	CHARGE.	PORTÉE.
			kilogr.	mètr.
ARTILLERIE DE TERRE.	Canon de 12 de campagne.	massif ensaboté.	1,958	526
	Id. de 8	id.	1,223	506
	Canon de 24 de siége.	massif.	4,000	682
	Id. de 16	id.	2,666	662
	Id. de 12	id.	2,00	643
	Obusier de 0m,22.	creux ensaboté.	2,00	500
	Obusier de 0m,16.	id.	1,50	422
		id.	0,75	300
	Obusier de 0m,15 ou de 24.	id.	1,00	360
		id.	0,50	280
	Obusier de 12 de montagne.	id.	0,27	230
ARTILLERIE NAVALE.	Canon de 30 long.	massif.	5,00	800
		id.	3,75	733
		id.	2,50	630
		creux ensaboté.	3,75	840
		id.	2,50	745
	Canon de 30 court.	massif.	5,00	910
		id.	3,75	850
		id.	2,50	735
		creux ensaboté.	3,75	957
		id.	2,50	852
	Canon obusier de 30.	massif.	2,00	442
		creux ensaboté.	2,00	529
		id.	1,50	453
	Caronade de 30.	massif.	1,60	982
		creux ensaboté.	1,60	956
	Id. de 24	massif.	1,30	957
	Id. de 18	id.	1,00	939
	Id. de 12	id.	0,65	818
	Canon obusier de 0m,22	creux ensaboté.	3,50	563
	ou de 80.	id.	2,00	469
	Perrier.	massif.	0,130	360
	Espingole.	id.	0,050	210

Soit (fig. 7) O le point de départ,
OA l'horizontale de ce point,
CD la ligne de mire naturelle supposée horizontale,
OSA la trajectoire.

Alors OA est la portée de but en blanc.

En général l'angle que fait la ligne de mire naturelle avec l'axe de la pièce est fort petit; de sorte que la trajectoire OSA est très-surbaissée.

La ligne de mire naturelle CD, étant prolongée, rencontre la trajectoire en deux points E et F, dont le premier E est toujours très-rapproché de la bouche à feu. La distance qui sépare les deux parallèles CD et OA est très-petite, eu égard à leur longueur; de sorte qu'on peut considérer ces deux lignes comme se confondant l'une avec l'autre. Dès lors *on regarde la portée de but en blanc comme égale à la distance* DF *comprise entre la bouche à feu et le plus éloigné des deux points où la trajectoire est rencontrée par la ligne de mire naturelle.*

On fait ainsi abstraction de la distance qui sépare la ligne de mire naturelle du point de départ, et on substitue à la figure 7 la figure 8, dans laquelle la droite COA représente la direction de la ligne de mire naturelle, et OX celle de l'axe de la pièce. Le premier des deux points où la ligne de mire naturelle rencontre la trajectoire se confond alors avec le point de départ O.

Il est clair que *lorsque le point à battre est placé à une distance égale à la portée du but en blanc, il faut, pour pointer la pièce, diriger la ligne de mire naturelle sur ce point.*

A la rigueur, ceci suppose le point à battre sur l'horizontale du point de départ; cependant on peut encore faire usage des mêmes principes, lorsqu'il existe une différence de niveau peu considérable entre ces deux points, attendu que, dans le cas où la ligne de mire naturelle, cessant d'être horizontale, s'incline légèrement soit au-dessus, soit au-dessous de l'horizon, les points où elle rencontre la trajectoire restent à peu près à la même distance de la bouche à feu.

Tout point M de la trajectoire (fig. 7 et 8), situé en deçà de la portée de but en blanc, est au-dessus de la ligne de mire naturelle, à moins qu'il ne soit extrêmement rapproché de la bouche à feu. La longueur MP (fig. 8) d'une verticale, comprise entre le point M et la ligne de mire naturelle OA, est appelée *abaissement de la ligne de mire naturelle au-dessous de ce point*. Cet abaissement ne varie pas sensiblement, lorsque la ligne de mire naturelle, cessant d'être horizontale, prend une légère inclinaison.

Si l'on suppose que le point M (fig. 8), d'abord très-voisin du point A, se rapproche graduellement de la bouche à feu, l'abaissement MP croîtra d'abord, atteindra une valeur maximum, puis décroîtra.

Lorsque l'on a une table qui donne la portée correspondante à chaque inclinaison de la pièce, on peut en former une autre donnant à toute distance l'abaissement de la ligne de mire naturelle au-dessous de la trajectoire.

Supposons en effet qu'on prenne un plan (fig. 9), pour représenter le plan de tir, et que l'horizontale OM figure la longueur d'une portée. La table faisant connaître l'inclinaison de la pièce correspondante à cette portée, on peut tracer la droite OX qui représente la direction de l'axe du canon.

Cela posé, les dimensions de la bouche à feu étant données, on connaît l'angle de mire naturel, ou l'angle de l'axe et de la ligne de mire naturelle; on peut donc tracer la direction de cette dernière ligne ; soit OA cette direction. La longueur de la verticale MP, comprise entre le point M et la droite OA, sera l'abaissement de la ligne de mire naturelle au-dessous du point M de la trajectoire.

Il suffira donc de quelques constructions géométriques, pour obtenir la table cherchée.

Cela posé, *lorsque le point à battre est en deçà de la portée du but en blanc, on pointe la pièce en dirigeant la ligne de mire naturelle sur la verticale du point à battre, mais au-dessous de ce point, d'une quantité égale à l'abaissement indiqué par la table.*

Pour les canons de campagne, cet abaissement est à peu près de $0^{m},08$ pour chaque intervalle de 10 mètres, compté en deçà de la portée de but en blanc, et tant que la distance du but à la bouche à feu surpasse la moitié de cette portée. A défaut de table, on peut donc se servir de cette remarque. Lorsque la distance du but à la pièce est à peu près égale à la moitié de la portée de but en blanc, il faut pointer le plus bas possible, puis, pour les distances plus petites, réduire l'abaissement à raison de $0^{m},08$ pour 10 mètres.

Tout point N de la trajectoire, situé au delà de la portée de but en blanc (fig. 8), est au-dessous de la ligne de mire naturelle OA. La longueur NQ d'une verticale comprise entre le point N et la ligne de mire naturelle est appelée *élévation de la ligne de mire naturelle au-dessus de ce point.*

On peut former une table de ces élévations comme on en a formé une des abaissements.

Dès lors, *lorsque le point à battre est au delà de la portée de but en blanc, on pointe la pièce en dirigeant la ligne de mire naturelle sur la verticale du point à battre, mais au-dessus de ce point d'une quantité égale à l'élévation indiquée par la table.*

Ainsi, quelle que soit la position du point à battre, le pointage s'effectue par une seule opération.

Il ne faut pas oublier que les crans marqués sur la pièce, à la culasse et à la volée, ne donnent la position de mire naturelle que dans le cas où l'axe des tourillons est horizontal; mais, quelle que soit la situation de cet axe, les points les plus élevés de la culasse et de la volée déterminent toujours la ligne de mire naturelle; et ce mode de pointage ne cesse pas d'être applicable.

Quelquefois il existe entre le point de départ et le point à battre, une différence de niveau notable, eu égard à la distance comprise entre ces points. Il faut alors pointer plus haut qu'il n'est indiqué par la table, si le point à battre est plus élevé, et plus bas dans le cas contraire.

Lorsque le fusil d'infanterie est muni de sa baïonnette, la ligne de mire naturelle passe par les points les plus élevés du tonnerre et de la virole; elle est sensiblement parallèle à l'axe; la portée du but en blanc est par conséquent très-petite; et, à moins que le point à battre ne soit très-rapproché, il faut toujours viser au-dessus de ce point.

Pour atteindre un homme au milieu du corps à la distance de 100 mètres, il faut viser à la hauteur de la poitrine; à 200 mètres, il faut viser à la partie supérieure de la coiffure. Ces données supposent le terrain à peu près horizontal, le diamètre des balles égal à $0^{m},0163$, et les charges de 80 au kilogramme.

Lorsque le fusil d'infanterie est dépourvu de sa baïonnette, la ligne de mire naturelle passe par les points les plus élevés du tonnerre et de l'embouchoir ; elle n'est plus parallèle à l'axe ; la portée de but en blanc est de 116 mètres. Au delà de cette distance, il faut viser au-dessus de l'objet ; et en deçà, il faut viser au-dessous.

Le pointeur dont le rayon visuel est dirigé suivant la ligne de mire naturelle cesse bientôt d'apercevoir l'objet à atteindre, lorsque l'éloignement de ce dernier surpasse la portée du but en blanc, puisque dans ce cas la ligne de mire passe au-dessus du point à battre.

Ce mode de pointage devient donc illusoire, s'il ne se trouve, dans la verticale du point à battre, un autre objet plus élevé qui puisse être vu par le pointeur. Cette condition est rarement remplie à terre; mais il n'en est pas ainsi à la mer. Les dimensions des bâtiments de guerre de toutes les nations sont connues d'une manière assez exacte, en sorte qu'on peut assigner le point de sa mâture vers lequel il faut diriger la ligne de mire naturelle, pour atteindre la coque du bâtiment à une distance donnée, supérieure à la portée de but en blanc, pourvu cependant que cette distance ne soit pas trop grande.

Comme alors la bouche à feu ne reste jamais immobile, on choisit pour mettre le feu le moment où la ligne de mire naturelle passe par le point convenable.

IV.

POINTAGE PAR LA HAUSSE, LORSQUE LA DISTANCE EST SUPÉRIEURE A LA PORTÉE DE BUT EN BLANC.

On a vu qu'à terre le pointage par la ligne de mire naturelle devenait le plus souvent illusoire, lorsque la distance du but à la bouche à feu surpassait la portée de but en blanc ; on a donc recours à un autre procédé :

Soit O le centre de la tranche (fig. 10),
OA l'horizontale de ce point,
A le point de chute,
OX la direction de l'axe de la pièce,
C le point le plus élevé de la culasse,
CG le rayon extérieur de la pièce au point C,
D le point le plus élevé de la volée,
DI le rayon extérieur de la pièce au point D.

La droite CD est la ligne de mire naturelle dont le prolongement est supposé passer au-dessus du point A.

La droite DA, qui est déterminée par le point de chute A, et le point D, le plus élevé de la volée passe au-dessus du point C, le plus élevé de la culasse, et rencontre le prolongement du rayon CG en un point E.

Lorsqu'on a une table des portées correspondantes aux diverses inclinaisons de la pièce, il est facile de déterminer la position du point E, dès que la portée OA que l'on veut obtenir est connue.

En effet, cette table donne alors immédiatement la valeur de l'angle XOA, inclinaison de l'axe de la pièce. D'ailleurs, la distance DI étant extrêmement petite relativement à la longueur OA de la portée, la droite DA peut être considérée comme horizontale; l'angle aigu qu'elle fait avec l'axe de la pièce est donc sensiblement égal à l'angle XOA.

Cela posé, les dimensions connues de la bouche à feu permettent de construire le trapèze CDIG, et si l'on mène par le point D une droite qui fasse avec le prolongement IX de GI un angle aigu égal à XOA, cette droite coupera le prolongement de CG précisément au point E.

La longueur CE est la quantité dont il faut élever le point culminant D de la culasse, suivant le prolongement du rayon CG, pour que ce point se trouve sur la droite DA qui passe par le point de chute et le point culminant de la volée. On l'appelle *hausse.* On peut, par ce qui précède, former une table des hausses correspondantes à toutes les portées que l'on veut obtenir.

La hausse donne une ligne de mire artificielle EDA qui doit passer par le point à battre A. Le pointage peut donc s'effectuer au moyen de cette ligne.

Ainsi, *lorsque le point à battre est à une distance supérieure à la portée de but en blanc, on place sur le point le plus élevé de la culasse la hausse indiquée par la table, et on fait passer par le point à battre, la ligne de mire artificielle déterminée par l'extrémité de cette hausse, et le point le plus élevé de la volée.*

Pour les canons de campagne, on peut, à défaut de table, se servir de la règle suivante : donner 9 millimètres de hausse, pour chaque distance de 100 mètres, comptée au delà de la portée de but en blanc.

La plaque graduée, placée à la culasse des pièces de campagne, est d'un usage facile dans la pratique; mais le point milieu de son extrémité supérieure ne se trouve au point le plus élevé de la culasse que quand l'axe des tourillons est horizontal. Supposons, par exemple, que le tourillon de gauche s'abaisse; le cran du bourlet et le point milieu de la plaque passent à gauche du plan de tir et s'abaissent en même temps; mais le cran, moins éloigné de la pièce, reste aussi plus près de ce plan et subit un moindre abaissement. La ligne déterminée par le milieu de la plaque et par le cran rencontre le plan de tir en avant de la pièce, et son prolongement passe à la droite de ce plan (fig. 11); de plus, cette ligne est moins inclinée que dans le cas où l'axe des tourillons était horizontal. Il faut donc, quand le tourillon de gauche est le plus bas, que la ligne du cran du bourlet et du milieu supérieur de la plaque soit dirigée à droite du point à battre et au-dessus de ce point.

Mais si la différence de niveau des tourillons est petite, et si en même temps l'objet sur lequel on tire a une certaine étendue, on peut négliger ces causes d'erreurs. Dans le cas où il serait nécessaire d'y avoir égard, il serait préférable d'abandonner l'usage de la plaque fixée au canon; on se servirait alors d'une tige faite d'un simple morceau de bois et que l'on placerait au point culminant de la culasse. La ligne de mire artificielle passerait par l'extrémité supérieure de cette tige et le point le plus élevé du bourlet.

Les hausses placées à la culasse facilitent singulièrement le pointage, mais on ne peut s'en servir que pour les distances supérieures à la portée de but en blanc. Pour les distances inférieures, on pointe à l'aide de la ligne de mire naturelle;

toutefois il est bien difficile d'apprécier à l'œil la quantité dont on la fait passer au-dessous du point à battre, et d'ailleurs il arrive fréquemment que son prolongement rencontre le terrain avant d'atteindre la verticale du but. On pourrait à la vérité placer une hausse sur la volée, et la ligne de mire artificielle passerait alors par l'extrémité supérieure de cette hausse et le point culminant de la culasse; mais ce procédé serait fort incommode dans la pratique.

V.

POINTAGE PAR LA HAUSSE, LORSQUE LA LIGNE DE MIRE NATURELLE EST PARALLÈLE A L'AXE.

On pourrait se servir de la hausse à toutes les distances si la ligne de mire naturelle était parallèle à l'axe de la pièce, puisqu'alors la portée de but en blanc serait, sinon nulle, du moins très-petite. Cette disposition existait dans les anciens obusiers de 8 pouces et de 6 pouces de Gribeauval et dans l'obusier de 24 de l'an XI. Au reste, on peut la réaliser pour une pièce quelconque; il ne s'agit en effet que d'adapter à cette pièce un appareil qui augmente un de ses diamètres extérieurs et le rende égal à celui de la culasse. C'est ce que l'on fait actuellement pour les bouches à feu de l'artillerie navale.

Un fronteau de mire est placé sur la pièce, à peu près à la hauteur des tourillons. Il porte un guidon à sa partie supérieure. Une tige est mobile dans une coulisse ou boîte adaptée à la culasse; elle est surmontée d'un chapeau, lequel porte un cran à sa partie supérieure. Lorsque l'axe des tourillons est horizontal, le sommet du guidon et le fond du cran se trouvent dans le plan de tir. De plus, quand le chapeau repose sur la boîte, la ligne droite qui passe par le sommet du guidon et le fond du cran est parallèle à l'axe de la pièce.

Cette ligne peut être considérée comme se confondant sensiblement avec la trajectoire, jusqu'à une certaine distance qui dépend de la bouche à feu, de la charge et de la nature du projectile.

Ainsi, quand l'éloignement du point à battre ne dépasse pas cette distance, il faut placer le chapeau sur la boîte et diriger la pièce de telle sorte que la ligne déterminée par le fond du cran et le sommet du guidon passe par le point à battre.

Quand le but est plus éloigné, et que l'on connaît d'ailleurs la distance qui le sépare de la bouche à feu, on élève la tige d'une quantité égale à la hausse indiquée par les tables, en raison de cette distance; cela fait, on pointe comme dans le cas précédent.

Lorsque l'axe des tourillons n'est pas horizontal, la ligne déterminée par le cran de la tige et le sommet du guidon n'est plus dans le plan de tir, et il en résulte des inconvénients signalés dans le § 4, à propos des canons de campagne; mais les dimensions des objets sur lesquels on vise à la mer permettent, le plus souvent, de négliger ces causes d'erreurs.

VI.

TIR A RICOCHET.

Le tir est dit de plein fouet, lorsque le projectile doit atteindre directement le but avant d'avoir touché le sol.

Le tir à ricochet est celui dans lequel le projectile est dirigé de manière à parcourir une certaine étendue après avoir touché soit le sol, soit l'eau.

Les projectiles lancés par les pièces de campagne ne ricochent sur un terrain ordinaire qu'autant que l'angle sous lequel ils le rencontrent ne dépasse pas 7 à 8°; il faut donc alors, si le terrain est horizontal, que l'inclinaison de la bouche à feu soit inférieure à 7°, puisque l'angle de chute surpasse l'angle de départ.

En pointant les pièces de campagne de manière à atteindre le sol, supposé horizontal, un peu en deçà de la portée de but en blanc, on peut obtenir une suite de ricochets rasants sur une longueur d'environ 1,000 mètres.

Cette longueur sera augmentée, si le sol s'abaisse du côté du point à battre; mais si le sol s'élève, au contraire, l'étendue de ricochets sera plus restreinte, et souvent ce genre de tir sera impossible.

Le tir à ricochet est fort employé dans l'attaque des places.

Supposons que les droites BA et AC (fig. 12) représentent les crêtes intérieures des deux faces de l'ouvrage à battre.

La pièce est placée de manière que son plan de tir soit parallèle à la droite AB, par exemple, et à une distance de cette droite moindre que l'épaisseur du terre-plein.

Le tir est dirigé de telle sorte que le projectile, rasant la crête intérieure AC, touche le terre-plein sous un petit angle. Le boulet, faisant plusieurs bonds successifs, parcourt alors toute la longueur de la face, dont AB représente la crête intérieure. Il faut donc que le mobile, en pénétrant dans l'ouvrage, décrive la branche descendante de la trajectoire. Ainsi, le sommet de cette courbe doit se trouver entre la bouche à feu et l'ouvrage, mais assez près de ce dernier pour que l'angle de chute soit petit. La charge doit donc être réglée de manière à satisfaire à cette condition. D'ailleurs, sa détermination dépend du relief de l'ouvrage et de la distance à laquelle est établie la batterie. Cette distance est ordinairement au-dessous de 400 mètres.

Généralement on n'emploie que des charges très-faibles. Il en résulte que, sur le terrain des remparts, qui est d'ailleurs ferme et uni, le ricochet peut avoir lieu tant que l'angle sous lequel le boulet tombe ne dépasse pas 10°.

Lorsque cet angle est très-voisin de 10°, le ricochet est appelé mou ; le premier point de chute se trouve à environ 13 mètres de la crête intérieure AC, supposée élevée de $2^{m},30$ au-dessus du terre-plein.

Lorsque le projectile arrive sous un très-petit angle, il parcourt une grande partie de la face de l'ouvrage sans toucher le sol ; le ricochet est appelé tendu.

Les boulets ricochent sur l'eau tranquille quand ils la rencontrent sous un angle qui ne dépasse pas 5 à 6°.

VII.

ANOMALIES DU TIR.

Quelles que soient les précautions que l'on prenne, le tir offre de nombreuses anomalies.

La poudre ne communique pas toujours la même vitesse au boulet; ce dernier ne sort pas constamment sous le même angle; sa forme peut différer sensiblement de celle d'une sphère; son centre de gravité est plus ou moins écarté de son centre de figure. Toutes ces circonstances, et d'autres encore, influent sur la portée.

On doit regarder les tables de tir comme offrant les résultats moyens d'expériences faites avec des boulets choisis, de la poudre de bonne qualité et des bouches à feu en bon état. Des portées isolées peuvent donc différer beaucoup de celles qui sont indiquées par les tables.

La grandeur des déviations croît avec celle de la distance. Ainsi, à de grandes distances, le tir devient fort incertain.

VIII.

TIR A DEUX BOULETS.

Le tir à deux boulets n'est en usage que dans la marine.

On imagine une trajectoire moyenne entre celles que décrivent les deux projectiles, et on cherche à faire passer cette courbe par le centre de la surface à battre. C'est d'après ce principe que sont construites les tables de tir.

Le tir à deux boulets peut être très-efficace jusqu'à la distance de 400 mètres; l'écartement vertical des projectiles ne dépasse guère 4 mètres; l'écartement horizontal est moindre.

IX.

TIR A MITRAILLE OU A BALLES.

Les balles qu'emploie l'artillerie de terre sont renfermées dans des boîtes cylindriques en fer-blanc; ces balles sont en fer coulé pour les pièces de siége et de place, et en fer battu pour les pièces de campagne.

COMPOSITION DES BOITES A BALLES.

	CANONS DE				OBUSIERS DE		
	24	16	12	8	16 cent.	15 cent. ou de 24.	12 (Montagne.)
Nombre de balles.	34	34	41	41	60	70	21
Diamètre des balles.	0m,048	0m,042	0m,0385	0m,0335	0m,0385	0m,0335	0m,0385

Dans la marine les balles sont en fonte de fer; elles sont réunies en grappes autour d'une tige centrale. Cette tige est fixée par une rivure à un plateau en fer forgé qui, dans le chargement, est mis en contact avec la gargousse. Un sac de toile enveloppe les balles, et ces dernières sont maintenues par un transfilage.

Deux sortes de grappes sont affectées à chacun des calibres de la marine : les unes sont dites à grosses balles, les autres à petites balles.

COMPOSITION DES GRAPPES A GROSSES BALLES.

Calibre......	30	24	18	12	80
Nombre de balles.	15	15	15	15	10
Diamètre des balles.....	0m056	0m052	0m047	0m041	0m081

Ainsi, dix boulets de 4 forment la grappe du calibre de 80.

COMPOSITION DES GRAPPES A PETITES BALLES.

Calibre.	30	24	18	12	80
Composition. . .	120 balles de 0m028 de diamètre.	50 balles de 0m032. 49 balles de 0m022.	55 balles de 0m028. 49 balles de 0m022.	108 balles de 0m022.	48 balles de 0m047.

Chaque balle, au sortir de la bouche à feu, décrit une trajectoire particulière; on dirige le tir de manière qu'une trajectoire moyenne entre toutes ces trajectoires passe par le centre de la surface à battre.

La portée des balles est bien moindre que celle des boulets; les hausses à donner sont donc plus fortes; elles sont indiquées par des tables particulières.

L'écartement des balles est appelé dispersion. La dispersion des balles est proportionnelle à la distance.

Dans l'artillerie de terre, on estime généralement que le rapport de la dispersion à la distance est de un dixième à peu près; mais il n'a été fait à ce sujet aucune expérience exacte. On prescrit de n'employer le tir à balles qu'à des distances inférieures à 500 mètres.

Les tables de tir qu'on trouvera ci-après indiquent la dispersion des balles qui entrent dans la formation des grappes adoptées par la marine.

X.

TIR A BOULET ET MITRAILLE.

(Ce tir n'est en usage que dans la marine.)

Le boulet doit être introduit dans la pièce, immédiatement après la gargousse.

On place la grappe par-dessus le boulet. Par cette disposition, les balles ont une moindre dispersion et se séparent moins promptement du boulet.

La dispersion est alors à peu près la même que dans le tir à mitraille sans boulet; toutefois elle est un peu moindre.

Le tir à boulet et mitraille doit être limité aux mêmes distances que le tir à mitraille sans boulet.

Les hausses sont calculées de manière que la trajectoire du boulet passe par le centre de la surface à battre.

Si l'on plaçait dans la pièce la grappe avant le boulet, la dispersion des balles serait doublée.

XI.

MESURE DES DISTANCES.

On ne peut faire usage de tables de tir qu'autant que l'on connaît la distance du but à la bouche à feu.

S'il se trouve près du but un objet dont la hauteur AB soit connue (fig. 13), on dirige la ligne de mire naturelle CD sur la partie supérieure B de cet objet; puis, laissant la pièce immobile, on vise à la partie inférieure A avec une hausse CE, et on fait la proportion.

La hausse CE est à la longueur CD, comprise entre les deux points de mire C et B, comme la hauteur AB de l'objet est à la distance AB que l'on cherche.

Ainsi on dirige la ligne de mire naturelle à la partie supérieure d'un objet de deux mètres de hauteur, par exemple à la coiffure d'un homme à pied; on pointe ensuite au pied, à l'aide d'une hausse et sans faire faire de mouvement à la pièce; puis on cherche dans la table suivante la distance correspondante à la grandeur de la hausse dont on s'est servi.

HAUSSES CORRESPONDANTES A UN OBJET DE DEUX MÈTRES DE HAUTEUR.

(Artillerie de terre.)

DISTANCE (mètres).	200	300	400	500	600	700
	m	m	m	m	m	m
Canons de 24	0,0320	0,0215	0,0160	0,0127	0,0107	0,0092
Id. 16	0,0317	0,0211	0,0158	0,0122	0,0105	0,0090
Id. 12 (place).	0,0290	0,0193	0,0145	0,0116	0,0097	0,0080
Id. 8 id.	0,0262	0,0174	0,0131	0,0104	0,0087	0,0075
Id. 12 (camp.).	0,0208	0,0138	0,0104	0,0083	0,0069	0,0059
Id. 8 id.	0,0178	0,0119	0,089	0,0071	0,0059	0,0051
Obusier de 0m,22	0,0138	0,0088	0,065	0,0053	0,0044	0,0034
Id. 0,16	0,0188	0,0125	0,094	0,0071	0,0063	0,0054
Id. 24	0,0171	0,0110	0,085	0,0068	0,0055	0,0049

DISTANCE (mètres).	800	900	1000	1100	1200
	m	m	m	m	m
Canons de 24	0,0080	0,0071	0,0064	0,0058	0,0053
Id. 16	0,0079	0,0070	0,0061	0,0057	0,0052
Id. 12 (place).	0,0073	0,0065	0,0058	0,0053	0,0048
Id. 8 id.	0,0066	0,0058	0,0052	0,0048	0,0044
Id. 12 (camp.).	0,0052	0,0046	0,0041	0,0037	0,0034
Id. 8 id.	0,0045	0,0039	0,0035	0,0032	0,0029
Obusier de 0m,22	0,0033	0,0029	0,0026	0,0024	0,0022
Id. 0,16	0,0047	0,0042	0,0035	0,0033	0,0031
Id. 24	0,0043	0,0037	0,0034	0,0033	0,0028

XII.

TABLES DU TIR DES MORTIERS.

1° MORTIERS A LA GOMER.

CALIBRE.		0m,32		0m,27		0m,22	
	Angle de tir.	Charge.	Portée.	Charge.	Portée.	Charge.	Portée.
		kilogr.	mètres.	kilogr.	mètres.	kilogr.	mètres.
Expériences de Metz et de Vincennes, 1833.	42°	0,500 0,750 1,000 1,250	255 454 681 912	0,500 0,750 1,000 1,250	390 695 969 1,297	0,150 0,300 0,450 0,600	210 340 894 1,308
Expériences de Toulouse, 1827.	30° 60°	» »	» »	3,672 3,672	2,773 2,493	1,163 1,163	1,940 1,745

2° MORTIERS EN BRONZE A CHAMBRE CYLINDRIQUE.

(*Aide-Mémoire* de Gassendi.)

CALIBRE.	0m,032		0m,27 à grande portée.		0m,27 à petite portée.		0m,022	
ANGLE DE TIR.	CHARGE.	PORTÉE.	CHARGE.	PORTÉE.	CHARGE.	PORTÉE.	CHARGE.	PORTÉE.
	kilogr.	mètres.	kilogr.	mètres.	kilogr.	mètres.	kilogr.	mètres.
45°	0,490	382	0,490	444	0,490	604	0,153	321
	0,735	645	0,735	770	0,735	935	0,306	770
	0,979	818	0,979	1,032	0,979	1,000	0,459	1,144
	1,224	960	1,224	1,257	1,224	1,358	0,602	1,249
	1,469	1,192	1,469	1,471	1,469	1,372	»	»
	»	»	2,448	2,140	»	»	»	»

3° MORTIERS DE 0m,32, EN FONTE, A CHAMBRE SPHÉRIQUE ET A SEMELLE, EMPLOYÉS SUR LES BOMBARDES.

(Expériences de Gâvre.)

CHARGE.	PORTÉE.	CHARGE.	PORTÉE.	CHARGE.	PORTÉE.
kilogr.	mètres.	kilogr.	mètres.	kilogr.	mètres.
0,5	255	5,0	2,669	9,5	3,568
1,0	550	5,5	2,856	10,0	3,634
1,5	900	6,0	3,001	10,5	3,694
2,0	1,225	6,5	3,116	11,0	3,753
2,5	1,515	7,0	3,208	11,5	3,808
3,0	1,765	7,5	3,293	12,0	3,863
3,5	2,010	8,0	3,368	12,5	3,915
4,0	2,255	8,5	3,435	13,0	3,960
4,5	2,472	9,0	3,502	13,5	3,990
»	»	»	»	14,0	4,000

XIII.

TABLES DE TIR DES PIÈCES DE CAMPAGNE.

(*Aide-Mémoire d'artillerie*, 1836.)

Lorsque la distance est inférieure à la portée de but en blanc, le pointage se fait au moyen de la ligne de mire naturelle. Les nombres qui, dans les tables, sont précédés du signe — indiquent les quantités dont la ligne de mire doit être abaissée au-dessous du point à battre.

On se sert de hausses, lorsque la distance surpasse la portée de but en blanc.

Les nombres qui ne sont précédés d'aucun signe indiquent les hausses.

TIR A BOULET OU OBUS.

HAUSSES OU QUANTITÉS DONT LA LIGNE DE MIRE DOIT S'ABAISSER AU-DESSOUS DU BUT AUX DISTANCES DE

	CHARGE. (kil.)	300^m	400^m	500^m	600^m	700^m
Canon de 12.	1,958	—3^{m}00	—2^{m}45	—0^{m}70	0^{m}004	0^{m}013
Canon de 8..	1,223	—2,67	—1,40	0,00	0,008	0,017
Obusier de 0^m,16....	1,50	—1,35	—0,40	0,007	0,019	0,032
	0,75	0,00	0,016	0,035	0,054	0,073
Obus. de 0^{m}15 ou de 24..	1,00	—1,50	0,004	0,013	0,025	0,038
	0,50	0,007	0,0020	0,033	0,045	0,059

	CHARGE. (kil.)	800^m	900^m	1,000^m	1,100^m	1,200^m
Canon de 12.	1,958	0,022	0,034	0,046	0,059	0,072
Canon de 8..	1,223	0,028	0,039	0,054	0,071	0,092
Obusier de 0^m,16....	1,50	0,047	0,063	0,081	0,103	0,123
	0,75	0,094	0,113	0,133	0,155	0,176
Obus. de 0^{m}15 ou de 24..	1,00	0,054	0,071	0,091	0,114	0,135
	0,50	0,076	0,093	0,110	»	»

OBUSIER DE 12.

(Artillerie de montagne.)

TIR A OBUS, CHARGE 0^{k}27.

HAUSSES OU QUANTITÉS DONT LA LIGNE DE MIRE DOIT S'ABAISSER AU-DESSOUS DU BUT AUX DISTANCES DE

200^m	250^m	300^m	350^m	400^m	450^m	500^m	550^m	600^m
—0^m,50	0^m,005	0^m,008	0^m,013	0^m,020	0^m,025	0^m,034	0^m,048	0^m,059

TIR A BALLES.

HAUSSES OU QUANTITÉS DONT LA LIGNE DE MIRE DOIT S'ABAISSER AU-DESSOUS DU BUT AUX DISTANCES DE

	CHARGE. (kil.)	200m	300m	400m	500m
Canon de 12. .	1,958	—0,750	0,009	0,041	0,068
Canon de 8. . .	1,223	—0,750	0,009	0,041	0,068
Obusier de 0m16.	1,50	—0,750	0,023	0,045	0,068
Obusier de 0m15 ou de 14. . . .	1,00	—0,750	0,023	0,045	0,068

XIV.

TABLES DE TIR DES PIÈCES DE SIÈGE ET DE PLACE.

(*Aide-Mémoire d'artillerie*, 1836.)

1° TIR A BOULET OU OBUS.

HAUSSES OU QUANTITÉS DONT LA LIGNE DE MIRE DOIT S'ABAISSER AU-DESSOUS DU BUT AUX DISTANCES DE

	CHARGE. (kil.)	600m	500m	400m	300m	200m
Canon de 24	4,00	—4,30	—5,07	—5,16	—4,67	—3,61
	3,00	—2,73	—4,01	—4,52	—4,31	—3,45
	2,500	—1,19	—2,99	—3,89	—3,96	—3,31
	1,750	0,019	—0,002	—1,37	—2,87	—2,83
Canon de 16	2,666	—1,99	—3,37	—3,94	—3,87	—3,13
	2,000	0,001	—1,92	—3,08	—3,38	—2,92
	1,666	0,010	—0,71	—2,31	—2,98	—2,75
	1,168	0,035	0,016	—0,26	—1,86	—2,27
Canon de 12	2,00	—1,12	—2,73	—3,51	—3,55	—2,93
	1,500	0,002	—1,65	—2,84	—3,19	—2,78
	1,250	0,009	—0,68	—2,24	—2,86	—2,64
	0,875	0,030	0,012	—0,49	—1,93	—2,24
Canon de 8	1,000	0,018	0,00	—1,65	—2,46	—2,34
	0,750	0,029	0,00	—0,33	—2,03	—1,98
Obusier de 0m,22	2,000	0,021	0,008	—0,89	—3,20	—3,69
	1,500	0,032	0,018	0,004	—1,96	—3,16
	1,250	0,049	0,031	0,014	—0,24	—2,43
	0,750	0,138	0,102	0,069	0,038	0,010
Obusier de 0m,16	1,500	0,003	—2,86	—5,09	—5,77	—5,08
	1,250	0,011	—1,104	—3,97	—5,18	—4,80
	1,000	0,025	0,007	—2,10	—4,15	—4,36
	1,750	0,053	0,029	0,007	—2,18	—3,52

2° TIR A BALLES.

500m		400m		300m		200m	
Charge.	Hausse.	Charge.	Hausse.	Charge.	Hausse.	Charge.	Hausse.
kil.	mètr.	kil.	mètr.	kil.	mètr.	kil.	mètr.
[illegible]	0,070	3,00	0,040	2,00	0,018	2,00	0,000
[illegible]	0,060	2,00	0,040	1,33	0,025	1,33	0,000
[illegible]	0,070	1,50	0,050	1,00	0,025	1,00	0,005

V.

S A FEU DE L'ARTILLERIE
PÉRIENCES DE GAVRE.

e munie d'un fronteau
le pointage s'effectue

tirs à plusieurs pro-
rge.
x boulets, lorsque
que l'écartement
eur à 4 mètres.

En général, il convient de ne plus employer le tir à
traille dès que la dispersion des balles devient supéri
9 ou 10 mètres.

Ainsi, avec les canons long et court de 30 et avec le
obusier de 30, il ne faut se servir des grappes à grosse
qu'à des distances qui ne surpassent pas 300 mètres,
faut faire usage du tir à petites balles qu'à des dist
férieures à 200 mètres.

Ces limites doivent être encore plus restreint
caronade. Avec ces bouches à feu, le tir des grap
ses balles cesse de convenir dès que la distan
200 mètres, et celui des grappes à petites balles
employé qu'à des distances inférieures à 150 mè

En ayant égard à la distance à laquelle chaque
limité, la même table est commune aux qu
vants :

1° Deux boulets massifs.
2° Un boulet massif, une grappe à grosses
3° Un boulet massif, une grappe à petites
4° Une grappe à grosses balles, sans boul

Il suffit ensuite d'augmenter de moitié l
par cette table, pour avoir la hausse qu
d'une grappe à petites balles, sans boulet

CANON DE 30 LONG.

HAUSSES.

(Distance des points de mire $1^{m},204$.)

Poids de la charge.	$5^k,00$	$3^k,75$	$3^k,75$	$2^k,50$	$2^k,50$	$3^k,75$	$3^k,75$	$3^k,75$
Rapport du poids de la charge au poids du boulet massif.	$\frac{1}{3}$	$\frac{1}{4}$	$\frac{1}{4}$	$\frac{1}{6}$	$\frac{1}{6}$	$\frac{1}{4}$	$\frac{1}{4}$	$\frac{1}{4}$
DISTANCES	Boulet massif.	Obus.	Boulet massif.	Obus.	Boulet massif.	Deux boulets massifs.	Une grappe à grosses balles.	Un boulet massif et une grappe à grosses balles.
Mètres.	Millim.		Millim.		Millim.	Millim.	Millim.	
100	0		1		1	4	4	
200	4		5		6	12	12	
300	8		9		12	21	21	
400	12		14		17	30		
500	16		19		24	41		
600	20		24		30			
700	25		30		37			
800	31		37		45			
900	38		44		53			
1,000	45		51		62			
1,100	52		59	»	71			
1,200	60		67	»	81			
1,300	68		76	»	92			
1,400	77	»	85	»				
1,600	95	»	106	»				

DISPERSION ou écartement des balles.

Distance.	Dispersion.
Mètres.	Mètres.
100	3,00
200	6,00
300	9,00

La disposition de la table indique que les mêmes hausses sont communes au tir à boulets massifs, charge $5^k,00$, et au tir à obus, charge $3^k,75$, jusqu'à la distance de 1,300 mètres.

De même, le tir à boulets massifs, charge $3^k,75$, et le tir à obus, charge $2^k,50$, jusqu'à la distance de 1,000 mètres, ont les mêmes hausses.

Ces observations sont applicables à la table suivante.

CANON DE 30 COURT.

HAUSSES.

(Distance des points de mire 1m,0163.)

Poids de la charge.	5k,00	3k,75	3k,75	2k,50	2k,50	3k,75	3k,75	3k,75
Rapport du poids de la charge au poids du boulet massif.	$\frac{1}{3}$	$\frac{1}{4}$	$\frac{1}{4}$	$\frac{1}{6}$	$\frac{1}{6}$	$\frac{1}{4}$	$\frac{1}{4}$	$\frac{1}{4}$
DISTANCES	Boulet massif.	Obus.	Boulet massif.	Obus.	Boulet massif.	Deux boulets massifs.	Un boulet massif et une grappe à grosses balles.	Une grappe à grosses balles.
Mètres.	Millim.		Millim.		Millim.	Millim.	Millim.	
100	0		0		0	4	4	
200	3		3		5	11	11	
300	6		7		10	18	18	
400	10		12		15	27		
500	14		16		21	36		
600	18		21		26			
700	22		27		33			
800	28		33		40			
900	33		39		47			
1,000	39		45		55			
1,100	46		52	»	65			
1,200	54		60	»	72			
1,300	61		68	»	82			
1,400	69	»	76	»	91			
1,600	86	»	95	»	112			

DISPERSION ou écartement des balles.

Distance.	Dispersion.
Mètres.	Mètres.
100	3
200	6
300	9

CARONADE DE 24.

HAUSSES.

(Distance des deux points de mire $0^{m},564$.)

CHARGE UNIQUE $1^{k},30$.					
DISTANCES.	Boulet massif.	Deux boulets massifs.	Un boulet massif et une grappe à grosses ou à petites balles.	Une grappe à grosses balles.	Une grappe à petites balles.
Mètres.	Millim.	Millim.	Millim.		Millim.
100	0	3	3		5
200	3	8	8		12
300	7	15			
400	11	22			
500	15				
600	19				
700	24				
800	29				
900	34				
1,000	40				
1,100	46				
1,200	52				
1,300	58				
1,400	65				

CARONADE DE 18.

HAUSSES.

(Distance des deux points de mire $0^{m},517$.)

CHARGE UNIQUE $1^{k},00$.					
DISTANCES.	Boulet massif.	Deux boulets massifs.	Un boulet massif et une grappe à grosses ou à petites balles.	Une grappe à grosses balles.	Une grappe à petites balles.
Mètres.	Millim.	Millim.	Millim.		Millim.
100	0	2	2		3
200	3	7	7		10
300	6	13			
400	9	20			
500	13				
600	18				
700	22				
800	27				
900	32				
1,000	38				
1,100	44				
1,200	50				
1,300	56				
1,400	62				

CARONADE DE 12.

HAUSSES.

(Distance des deux points de mire $0^m,482$.)

<table>
<tr><th colspan="6">CHARGE UNIQUE 0k,65.</th></tr>
<tr><th>DISTANCES.</th><th>Boulet massif.</th><th>Deux boulets massifs.</th><th>Un boulet massif et une grappe à grosses ou à petites balles.</th><th>Une grappe à grosses balles.</th><th>Une grappe à petites balles.</th></tr>
<tr><td>Mètres.</td><td>Millim.</td><td>Millim.</td><td colspan="2">Millim.</td><td>Millim.</td></tr>
<tr><td>100</td><td>0</td><td>3</td><td colspan="2">3</td><td>5</td></tr>
<tr><td>200</td><td>3</td><td>8</td><td colspan="2">8</td><td>12</td></tr>
<tr><td>300</td><td>7</td><td>14</td><td colspan="2"></td><td></td></tr>
<tr><td>400</td><td>11</td><td>21</td><td colspan="2"></td><td></td></tr>
<tr><td>500</td><td>14</td><td></td><td colspan="2"></td><td></td></tr>
<tr><td>600</td><td>19</td><td></td><td colspan="2"></td><td></td></tr>
<tr><td>700</td><td>24</td><td></td><td colspan="2"></td><td></td></tr>
<tr><td>800</td><td>29</td><td></td><td colspan="2"></td><td></td></tr>
<tr><td>900</td><td>34</td><td></td><td colspan="2"></td><td></td></tr>
<tr><td>1,000</td><td>40</td><td></td><td colspan="2"></td><td></td></tr>
<tr><td>1,100</td><td>47</td><td></td><td colspan="2"></td><td></td></tr>
<tr><td>1,200</td><td>53</td><td></td><td colspan="2"></td><td></td></tr>
</table>

CANON-OBUSIER DE 80.

HAUSSES.

(Distance des deux points de mire $1^m,1506$.)

<table>
<tr><td>CHARGE. . . .</td><td>3k,50</td><td>2k,00</td><td>3k,50</td><td>3k,50</td></tr>
<tr><td>DISTANCES.</td><td>Obus.</td><td>Obus.</td><td>Une grappe à grosses balles. (10 boulets de 4.)</td><td>Une grappe à petites balles.</td></tr>
<tr><td>Mètres.</td><td>Millim.</td><td>Millim.</td><td colspan="2">Millim.</td></tr>
<tr><td>100</td><td>1</td><td>2</td><td colspan="2">5</td></tr>
<tr><td>200</td><td>6</td><td>8</td><td colspan="2">14</td></tr>
<tr><td>300</td><td>12</td><td>15</td><td colspan="2">25</td></tr>
<tr><td>400</td><td>18</td><td>23</td><td>37</td><td></td></tr>
<tr><td>500</td><td>24</td><td>32</td><td colspan="2"></td></tr>
<tr><td>600</td><td>31</td><td>41</td><td colspan="2"></td></tr>
<tr><td>700</td><td>40</td><td>51</td><td colspan="2"></td></tr>
<tr><td>800</td><td>48</td><td>61</td><td colspan="2"></td></tr>
<tr><td>900</td><td>58</td><td>73</td><td colspan="2"></td></tr>
<tr><td>1,000</td><td>68</td><td>86</td><td colspan="2"></td></tr>
<tr><td>1,100</td><td>79</td><td>99</td><td colspan="2"></td></tr>
<tr><td>1,200</td><td>91</td><td>112</td><td colspan="2"></td></tr>
<tr><td>1,300</td><td>103</td><td>126</td><td colspan="2"></td></tr>
</table>

DISPERSION OU ÉCARTEMENT des balles.

Distances.	Dispersion des boulets de 4.	Dispersion des petites balles.
Mètres.	Mètres.	Mètres.
100	2,4	4
200	4,8	8
300	7,2	12
400	9,6	»

Pour faciliter le service des bouches à feu de l'artillerie navale, on a pris le parti de graver les tables de tir sur la tige placée à la culasse de la pièce : seulement, afin de ne pas trop multiplier les divisions, on s'est borné, du moins pour le tir à un seul projectile, à indiquer les hausses correspondantes aux distances représentées par un nombre exact d'encâblures, l'encâblure étant supposée de 200 mètres.

Le tir à plusieurs projectiles exigeant des hausses plus grandes, on a pu indiquer toutes celles qui correspondent à des distances représentées par un nombre exact de demi-encâblures.

1° Canons de 30 long et court.

Celle des faces de la tige qui est tournée vers le bouton de culasse porte la graduation commune au tir des boulets massifs, charge du tiers ou $5^k,00$, et au tir de l'obus, charge du quart ou $3^k,75$. Elle est marquée B. $\frac{1}{3}$ O. $\frac{1}{4}$.

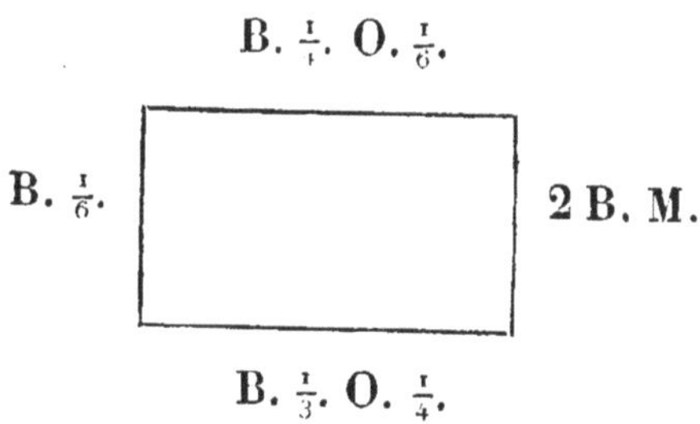

La face tournée vers la volée marquée B. $\frac{1}{4}$ O. $\frac{1}{6}$ porte la graduation qui convient également au tir du boulet massif, charge du quart ou $3^k,75$ et au tir de l'obus, charge du sixième ou $2^k,50$, jusqu'à la distance de cinq encâblures. A des distances plus grandes, cette graduation ne s'applique qu'au tir du boulet massif.

Sur la face de gauche, marquée B. $\frac{1}{6}$, se trouve la graduation relative au tir du boulet massif, charge du sixième ou $2^{k},50$.

La graduation relative au tir à plusieurs projectiles est placée sur la face de droite, marquée 2 B M; c'est à elle qu'il faut recourir, 1° pour le tir à deux boulets, 2° pour le tir d'un boulet et d'une grappe, soit à grosses, soit à petites balles, 3° pour le tir d'une grappe à grosses balles, sans boulet. Ces différents tirs s'effectuent tous à la charge du quart ou $3^{k},75$.

2° Canon-obusier de 30.

Celle des faces de la tige qui est tournée vers le bouton de culasse est marquée B *g*. O *p*. La graduation qu'elle porte est commune au tir du boulet massif, à la grande charge ou $2^{k},00$ et au tir de l'obus, à la petite charge ou $1^{k},50$, jusqu'à la distance de huit encâblures; au delà, elle ne convient qu'au tir du boulet massif.

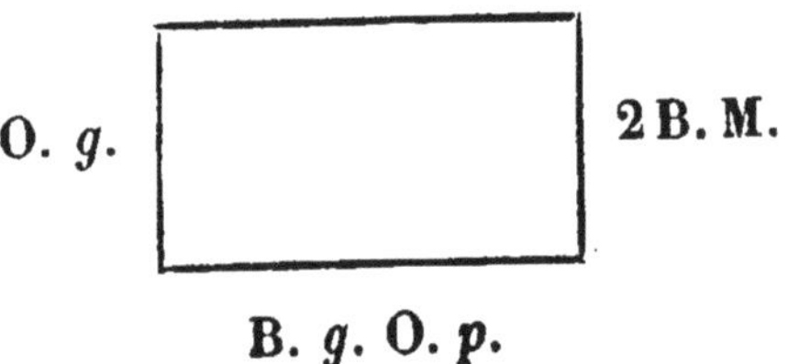

Sur la face de gauche, marquée O. *g*, est la graduation du tir de l'obus, à la grande charge, ou $2^{k},00$.

La face de droite, marquée 2 B M, porte la graduation relative au tir à plusieurs projectiles, à la grande charge ou 2k,00. On s'en sert pour les tirs suivants :

1° Deux boulets massifs ;
2° Un boulet massif et une grappe, soit à grosses, soit à petites balles ;
3° Une grappe à grosses balles, sans boulet.

Pour le tir d'une grappe à petites balles, sans boulet, on augmente de moitié la hausse indiquée sur la face 2 B. M.

3° Caronade de 30.

La tige ne porte que deux graduations.

La face tournée vers le bouton de culasse porte la graduation commune au tir du boulet massif et à celui de l'obus jusqu'à la distance de huit encâblures ; au delà cette graduation ne convient qu'au tir du boulet. Cette face est marquée B. O.

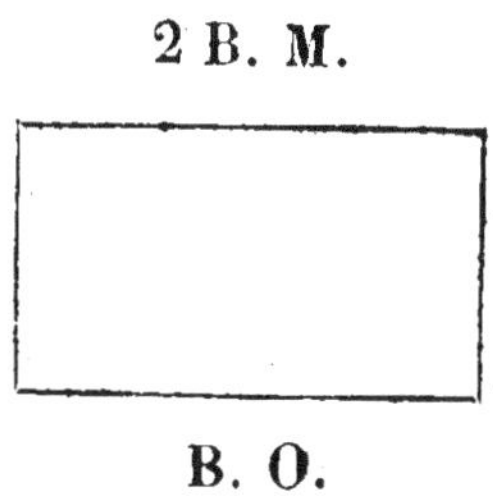

Sur la face tournée vers la volée et marquée 2 B. M se trouve la graduation du tir à plusieurs projectiles. Pour la manière d'en faire usage, voyez ce qui a été dit à propos du canon-obusier.

4° Caronades de 24, 18 et 12.

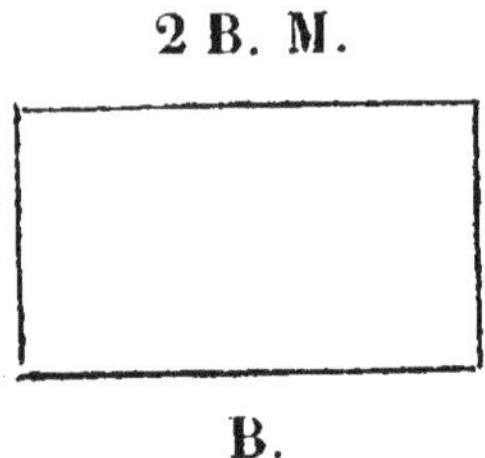

La face tournée vers le bouton de culasse et marquée B porte la graduation du tir du boulet massif.

Sur la face tournée vers la volée, et marquée 2 B. M se trouve la graduation du tir à plusieurs projectiles.

5° Canon-obusier de 80.

La face tournée vers le bouton de culasse est marquée O. *g*; elle porte la graduation du tir de l'obus à la grande charge, ou 3^k,50.

La graduation du tir de l'obus à la petite charge, ou 2^k, 00, est placée sur la face de gauche. Cette face est marquée O. *p*.

La face de droite est marquée M et porte la graduation du tir à mitraille. Cette graduation convient également au tir de la grappe de 10 boulets de 4, et à celui de la grappe à petites balles.

TABLE DES MATIÈRES.

FIN DE LA TABLE DES MATIÈRES.

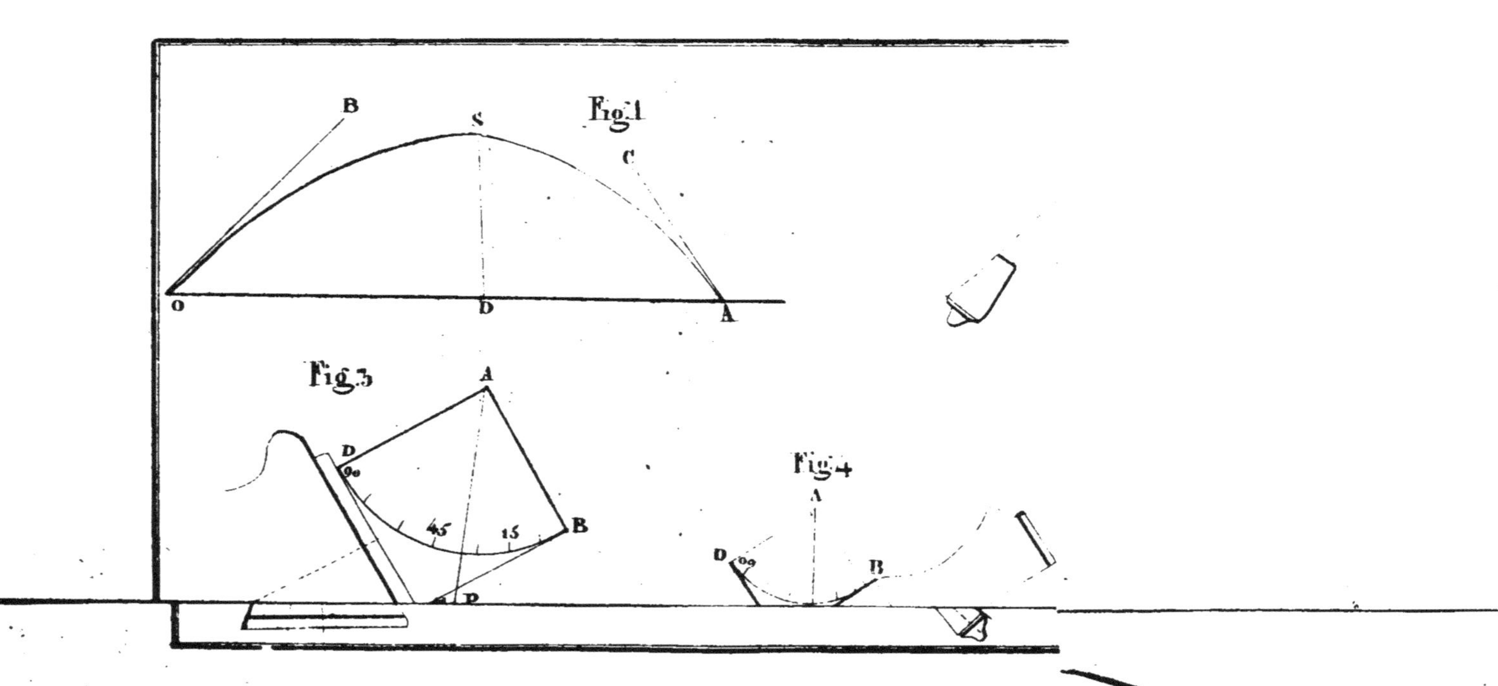

Fig. 1
Fig. 3
Fig. 4

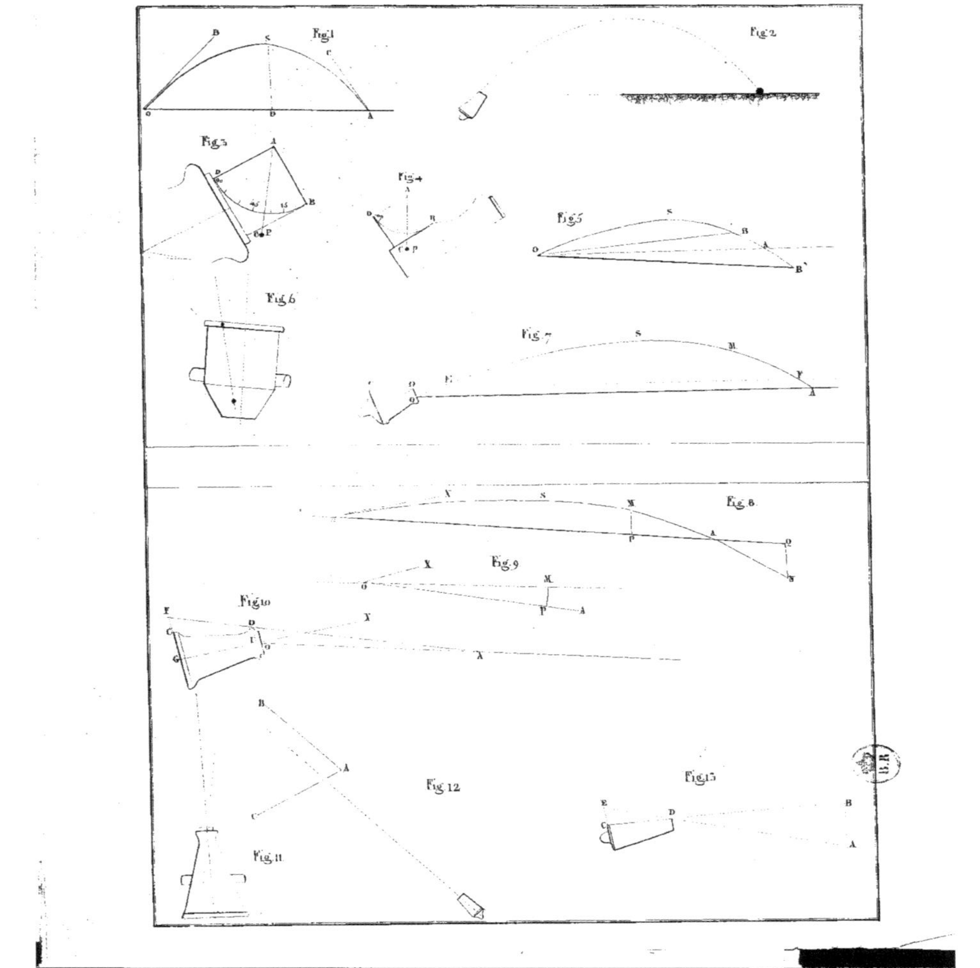
Fig. 1
Fig. 2
Fig. 3
Fig. 4
Fig. 5
Fig. 6
Fig. 7
Fig. 8
Fig. 9
Fig. 10
Fig. 11
Fig. 12
Fig. 13

SAINT-CLOUD. — IMPRIMERIE DE BELIN-MANDAR.

www.ingramcontent.com/pod-product-compliance
Ingram Content Group UK Ltd.
Pitfield, Milton Keynes, MK11 3LW, UK
UKHW021006180726
13838UKWH00003B/1465

9 782329 368498